AF465606

ABRÉGÉ

DE

L'HISTOIRE UNIVERSELLE.

BIBLIOTHÈQUE ROYALE

HISTOIRE ANCIENNE.

TOME I.

G 988
B

EXPLICATION DU FRONTISPICE.

L'Histoire écrit les grands Évènemens de tous les Peuples qui ont paru dans le monde, que le Temps lui découvre dans la succession des siècles, en lui montrant les Grands Hommes qui les ont illustrés, tels que Moïse, David, Cyrus, Scipion, Constantin et Charlemagne.

J.-M. EBERHART, IMPRIMEUR DU COLLÉGE ROYAL DE FRANCE,
Rue du Foin Saint-Jacques, N° 12.

ABRÉGÉ

DE

L'HISTOIRE UNIVERSELLE,

DEPUIS LE COMMENCEMENT DU MONDE JUSQU'AU DIX-NEUVIÈME SIÈCLE,

ORNÉE DE FIGURES.

HISTOIRE ANCIENNE,

DEPUIS LA CRÉATION JUSQU'A L'EMPIRE DE CHARLEMAGNE,

PAR BOSSUET;

LES FIGURES PAR F.-A. DAVID,

GRAVEUR DE LA CHAMBRE ET DU CABINET DU ROI, MEMBRE DE PLUSIEURS ACADÉMIES,

D'après les DESSINS de MONNET, Peintre du ROI.

TOME PREMIER.

PARIS.

CHEZ F.-A. DAVID, GRAVEUR DU ROI, RUE DE CORNEILLE, N° 3.

1817.

DISCOURS

SUR

L'HISTOIRE UNIVERSELLE.

A MONSEIGNEUR LE DAUPHIN.

DESSEIN GÉNÉRAL DE CET OUVRAGE.

QUAND l'Histoire seroit inutile aux autres hommes, il faudroit la faire lire aux Princes : il n'y a pas de meilleur moyen de leur découvrir ce que peuvent les passions et les intérêts, les temps et les conjonctures, les bons et les mauvais conseils. Les Histoires ne sont composées que des actions qui les occupent; et tout semble y être fait pour leur usage. Si l'expérience leur est nécessaire pour acquérir cette prudence qui fait bien régner, il n'est rien de plus utile à leur instruction que de joindre aux exemples des siècles passés les expériences qu'ils font tous les jours. Au lieu qu'ordinairement ils n'apprennent qu'aux dépens de leurs sujets et de leur propre gloire à juger des affaires dangereuses qui leur arrivent, par le secours de l'Histoire ils forment leur jugement, sans rien hasarder, sur les événements passés. Lorsqu'ils voient jusqu'aux vices les plus cachés des

Princes, malgré les fausses louanges qu'on leur donne pendant leur vie, exposés aux yeux de tous les hommes, ils ont honte de la vaine joie que leur cause la flatterie, et ils connoissent que la vraie gloire ne peut s'accorder qu'avec le mérite.

D'ailleurs il seroit honteux, je ne dis pas à un Prince, mais en général à tout honnête homme, d'ignorer le genre humain et les changements mémorables que la suite des temps a faits dans le monde. Si on apprend de l'Histoire à distinguer les temps, on représentera les hommes sous la loi de nature, ou sous la loi écrite, tels qu'ils sont sous la loi évangélique; on parlera des Perses vaincus sous Alexandre, comme on parle des Perses victorieux sous Cyrus; on fera la Grèce aussi libre du temps de Philippe que du temps de Thémistocle ou de Miltiade; le Peuple romain aussi fier sous les Empereurs que sous les Consuls; l'Église aussi tranquille sous Dioclétien que sous Constantin; et la France, agitée de guerres civiles du temps de Charles IX et de Henri III, aussi puissante que du temps de Louis XIV, où, réunie sous un si grand Roi, seule elle triomphe de toute l'Europe.

C'est, Monseigneur, pour éviter ces inconvénients, que vous avez lu tant d'Histoires anciennes et modernes. Il a fallu, avant toutes choses, vous faire lire dans l'Écriture l'Histoire du Peuple de Dieu, qui fait le fondement de la Religion. On ne vous a pas laissé ignorer l'Histoire grecque ni la romaine; et, ce qui vous étoit plus important, on vous a montré avec soin l'Histoire de ce grand Royaume que vous êtes obligé de rendre heureux.

Mais, de peur que ces Histoires et celles que vous avez encore à apprendre ne se confondent dans votre esprit, il n'y a rien de plus nécessaire que de vous représenter distinctement, mais en raccourci, toute la suite des siècles.

Cette manière d'Histoire universelle est, à l'égard des Histoires de chaque pays et de chaque peuple, ce qu'est une carte générale à l'égard des cartes particulières. Dans les cartes particulières vous voyez tout le détail d'un royaume ou d'une province en elle-même : dans les cartes universelles vous apprenez à situer ces parties du monde dans leur tout ; vous voyez ce que Paris, ou l'Isle de France, est dans le Royaume, ce que le Royaume est dans l'Europe, et ce que l'Europe est dans l'Univers.

Ainsi les Histoires particulières représentent la suite des choses qui sont arrivées à un peuple, dans tout leur détail : mais, afin de tout entendre, il faut savoir le rapport que chaque Histoire peut avoir avec les autres; ce qui se fait par un abrégé où l'on voie, comme d'un coup-d'œil, tout l'ordre des temps.

Un tel abrégé, Monseigneur, vous propose un grand spectacle. Vous voyez tous les siècles précédents se développer, pour ainsi dire, en peu d'heures devant vous; vous voyez comme les Empires se succèdent les uns aux autres, et comme la Religion dans ses différents états se soutient également depuis le commencement du monde jusqu'à notre temps.

C'est la suite de ces deux choses, je veux dire celle de la Religion et celle des Empires, que vous devez imprimer dans votre mémoire; et, comme la Religion et le Gouvernement politique sont les deux points sur lesquels roulent les choses humaines, voir ce qui regarde ces choses renfermé dans un abrégé, et en découvrir par ce moyen tout l'ordre et toute la suite, c'est comprendre dans sa pensée tout ce qu'il y a de grand parmi les hommes, et tenir, pour ainsi dire, le fil de toutes les affaires de l'Univers.

Comme donc, en considérant une carte universelle, vous

sortez du pays où vous êtes né, et du lieu qui vous renferme, pour parcourir toute la terre habitable que vous embrassez par la pensée avec toutes ses mers et tous ses pays ; ainsi, en considérant l'abrégé chronologique, vous sortez des bornes étroites de votre âge, et vous vous étendez dans tous les siècles.

Mais de même que, pour aider sa mémoire dans la connoissance des lieux, on retient certaines villes principales, autour desquelles on place les autres, chacune selon sa distance ; ainsi dans l'ordre des siècles, il faut avoir certains temps marqués par quelque grand événement auquel on rapporte tout le reste.

C'est ce qui s'appelle *époque*, d'un mot grec qui signifie S'ARRÊTER, parce qu'on s'arrête là pour considérer, comme d'un lieu de repos, tout ce qui est arrivé devant ou après, et éviter par ce moyen les anachronismes, c'est-à-dire cette sorte d'erreur qui fait confondre les temps.

Il faut d'abord s'attacher à un petit nombre d'époques, telles que sont dans les temps de l'Histoire ancienne :

ADAM, OU LA CRÉATION ;

NOÉ, OU LE DÉLUGE ;

LA VOCATION D'ABRAHAM, OU LE COMMENCEMENT DE L'ALLIANCE DE DIEU AVEC LES HOMMES ;

MOÏSE, OU LA LOI ÉCRITE ;

LA PRISE DE TROIE ;

SALOMON, OU LA FONDATION DU TEMPLE ;

ROMULUS, OU ROME BATIE ;

CYRUS, OU LE PEUPLE DE DIEU DÉLIVRÉ DE LA CAPTIVITÉ DE BABYLONE ;

Scipion, ou Carthage vaincue;

La Naissance de JÉSUS-CHRIST;

Constantin, ou la Paix de l'Église;

Charlemagne, ou l'Établissement du nouvel Empire.

Je vous donne cet établissement du nouvel Empire sous Charlemagne comme la fin de l'Histoire ancienne, parce que c'est là que vous verrez finir tout-à-fait l'ancien Empire romain: c'est pourquoi je vous arrête à un point si considérable de l'Histoire universelle. La suite vous en sera proposée dans une seconde partie, qui vous mènera jusqu'au siècle que nous voyons illustré par les actions immortelles du Roi votre père, et auquel l'ardeur que vous témoignez à suivre un si grand exemple fait encore espérer un nouveau lustre.

Après vous avoir expliqué en général le dessein de cet ouvrage, j'ai trois choses à faire pour en tirer toute l'utilité que j'en espère.

Il faut premièrement que je parcoure avec vous les époques que je vous propose, et que, vous marquant en peu de mots les principaux événements qui doivent être attachés à chacune d'elles, j'accoutume votre esprit à mettre ces événements dans leur place, sans y regarder autre chose que l'ordre des temps. Mais, comme mon intention principale est de vous faire observer dans cette suite des temps celle de la Religion et celle des grands Empires, après avoir fait aller ensemble, selon le cours des années, les faits qui regardent ces deux choses, je reprendrai en particulier, avec les réflexions nécessaires, premièrement ceux qui nous font entendre la durée perpétuelle de la

Religion, et enfin ceux qui nous découvrent les causes des grands changements arrivés dans les Empires.

Après cela, quelque partie de l'Histoire ancienne que vous lisiez, tout vous tournera à profit. Il ne passera aucun fait dont vous n'aperceviez les conséquences. Vous admirerez la suite des conseils de Dieu dans les affaires de la Religion : vous verrez aussi l'enchaînement des affaires humaines; et par-là vous connoîtrez avec combien de réflexions et de prévoyance elles doivent être gouvernées.

PREMIÈRE PARTIE.

LES ÉPOQUES.

PREMIÈRE ÉPOQUE.

Adam, ou la Création.

PREMIER AGE DU MONDE.

ANS DU MONDE 1 A 1656.

La première époque vous présente d'abord un grand spectacle : Dieu qui crée le ciel et la terre par sa parole, et qui fait l'homme à son image. C'est par où commence Moïse, le plus ancien des historiens, le plus sublime des philosophes, et le plus sage des législateurs.

Il pose ce fondement tant de son histoire que de sa doctrine et de ses lois. Après, il nous fait voir tous les hommes renfermés en un seul homme, et sa femme même tirée de lui ; la concorde des mariages et la société du genre humain établie sur ce fondement ; la perfection et la puissance de l'homme, tant qu'il porte l'image de Dieu en son entier ; son empire sur les animaux ; son innocence tout ensemble et sa félicité dans le paradis, dont la mémoire s'est conservée dans l'âge d'or des poètes; le précepte divin donné à nos premiers parents; la malice de l'esprit tentateur, et son apparition sous la forme du serpent; la chute d'Adam et d'Ève, funeste à toute leur postérité ; le premier homme justement puni dans tous ses enfants, et le genre humain maudit de Dieu; la première promesse de la rédemption, et la victoire future des hommes sur le démon qui les a perdus.

La terre commence à se remplir, et les crimes s'augmentent. Caïn, le premier enfant d'Adam et d'Ève, fait voir au monde naissant la première action tragique; et la vertu commence dès-lors à être persécutée par le vice. Là paroissent les mœurs contraires des deux frères : l'innocence d'Abel, sa vie pastorale, et ses offrandes agréables : celles de Caïn rejetées, son avarice, son impiété, son parricide, et la jalousie, mère des meurtres; le châtiment de ce crime; la conscience du parricide agitée de continuelles frayeurs; la première ville bâtie par ce méchant, qui se cherchoit un asile contre la haine et l'horreur du genre humain; l'invention de quelques arts par ses enfants; la tyrannie des passions, et la prodigieuse malignité du cœur humain toujours porté à faire le mal; la postérité de Seth, fidèle à Dieu malgré cette dépravation; le pieux Hénoch, miraculeusement tiré du monde, qui n'étoit pas digne de le posséder; la distinction des enfants de Dieu d'avec les enfants des hommes, c'est-à-dire de ceux qui vivoient selon l'esprit d'avec ceux qui vivoient selon la chair; leur mélange, et la corruption universelle du monde; la ruine des hommes résolue par un juste jugement de Dieu; sa colère dénoncée aux pécheurs par son serviteur Noé; leur impénitence, et leur endurcissement puni enfin par le déluge; Noé et sa famille réservés pour la réparation du genre humain.

Voilà ce qui s'est passé en 1656 ans. Tel est le commencement de toutes les histoires, où se découvre la toute-puissance, la sagesse et la bonté de Dieu : l'innocence heureuse sous sa protection; sa justice à venger les crimes, et en même temps sa patience à attendre la conversion des pécheurs; la grandeur et la dignité de l'homme dans sa première institution; le genie du genre humain depuis qu'il fut corrompu; le naturel de la jalousie, et les causes secrètes des violences et des guerres, c'est-à-dire tous les fondements de la religion et de la morale.

Avec le genre humain Noé conserva les arts, tant ceux qui servoient de fondement à la vie humaine, et que les hommes savoient dès leur origine, que ceux qu'ils avoient inventés depuis. Ces premiers arts que les hommes apprirent d'abord, et apparemment de leur créateur, sont l'agriculture, l'art pastoral, celui de se vêtir, et peut-être celui de se loger. Aussi ne voyons-nous pas le commencement de ces arts en Orient, vers les lieux d'où le genre humain s'est répandu.

La tradition du déluge universel se trouve par toute la terre. L'arche où se sauvèrent les restes du genre humain a été de tout temps célèbre en Orient, principalement dans les lieux où elle s'arrêta après le déluge. Plusieurs autres circonstances de cette fameuse histoire se trouvent marquées dans les annales et dans les traditions des anciens peuples : les temps conviennent, et tout se rapporte autant qu'on le pouvoit espérer dans une antiquité si reculée.

SECONDE ÉPOQUE.

Noé, ou *le Déluge.*

SECOND AGE DU MONDE.

Ans du Monde 1656 a 2083.

Près du déluge se rangent le décroissement de la vie humaine, le changement dans le vivre, et une nouvelle nourriture substituée aux fruits de la terre ; quelques préceptes donnés à Noé de vive voix seulement ; la confusion des langues arrivée à la tour de Babel, premier monument de l'orgueil et de la foiblesse des hommes ; le partage des trois enfants de Noé, et la première distribution des terres.

La mémoire de ces trois premiers auteurs des nations et des peuples s'est conservée parmi les hommes : Japhet, qui a peuplé la plus grande partie de l'Occident, y est demeuré célèbre sous le nom fameux d'*Iapet ;* Cham et son fils Chanaan n'ont pas été moins connus parmi les Égyptiens et les Phéniciens ; et la mémoire de Sem a toujours duré dans le peuple hébreu, qui en est sorti.

Un peu après ce premier partage du genre humain, Nemrod, homme farouche, devient par son humeur violente le premier des conquérants ; et telle est l'origine des conquêtes. Il établit son royaume à Babylone, au même lieu où la tour avoit été commencée et déjà élevée fort haut, mais non pas autant que le souhaitoit la vanite humaine. Environ dans le même temps Ninive fut bâtie, et quelques anciens royaumes établis. Ils étoient petits dans ces premiers temps; et on trouve dans la seule Égypte quatre dynasties ou principautés, celle de Thèbes, celle de Thin, celle de Memphis, et celle de Tanis : c'étoit la capitale de la Basse-Égypte.

On peut aussi rapporter à ce temps le commencement des lois et de la police des Égyptiens, celui de leurs pyramides, qui durent encore, et celui des observations astronomiques tant de ses peuples que des Chaldéens : aussi voit-on remonter jusqu'à ce temps, et pas plus haut, les observations que les Chaldéens, c'est-à-dire sans contestation les premiers observateurs des astres, donnèrent dans Babylone à Callisthène pour Aristote.

Tout commence : il n'y a point d'histoire ancienne où il ne paroisse non seulement dans ces premiers temps, mais longtemps après, des vestiges manifestes de la nouveauté du monde. On voit les lois s'établir, les mœurs se polir, et les empires se former : le genre humain sort peu à peu de l'ignorance; l'expérience l'instruit, et les arts sont inventés ou perfectionnés. A mesure que les hommes se multiplient, la terre se peuple de proche en proche : on passe les montagnes et les précipices; on traverse les fleuves et enfin les mers, et on établit de nouvelles habitations. La terre, qui n'étoit au commencement qu'une forêt immense, prend une autre forme; les bois abattus font place aux champs, aux pâturages, aux hameaux, aux bourgades, et enfin aux villes. On s'instruit à prendre certains animaux, à apprivoiser les autres, et à les accoutumer au service. On eut d'abord à combattre les bêtes farouches : les premiers héros se signalèrent dans ces guerres ; elles firent inventer les armes, que les hommes tournèrent après contre leurs semblables. Nemrod, le premier guerrier et le premier conquérant, est appelé dans l'Écriture *un fort chasseur.* Avec les animaux, l'homme sut encore adoucir les fruits et les plantes ; il plia jusqu'aux métaux à son usage ; et peu à peu il y fit servir toute la nature.

Comme il étoit naturel que le temps fît inventer beaucoup de choses, il devoit aussi en faire oublier d'autres, du moins à la plupart des hommes. Ces premiers arts que Noé avoit conservés, et qu'on voit aussi toujours en vigueur dans les contrées où se fit le premier établissement du genre humain, se perdirent à mesure qu'on s'éloigna de ce pays : il fallut, ou les rapprendre avec le temps, ou que ceux qui les avoient conservés les reportassent aux autres. C'est pourquoi on voit tout venir de ces terres toujours habitées, où les fondements des arts demeurent en leur entier ; et là même on apprenoit tous les jours beaucoup de choses importantes. La connoissance de Dieu, et la mémoire de la création, s'y conserva ; mais elle alloit s'affoiblissant peu à peu : les anciennes traditions s'oublioient et s'obscurcissoient ; les fables qui leur succédèrent n'en retenoient plus que de grossières idées ; les fausses divinités se multiplioient ; et c'est ce qui donna lieu à la vocation d'Abraham.

TROISIÈME ÉPOQUE.

La Vocation d'Abraham.

TROISIEME AGE DU MONDE.

ANS DU MONDE 2083 A 2513.

QUATRE CENT VINGT-SIX ans après le déluge, comme les peuples marchoient chacun en sa voie, et oublioient celui qui les avoit faits, ce grand Dieu, pour empêcher le progrès d'un si grand mal, au milieu de la corruption, commença à se séparer un peuple élu. Abraham fut choisi pour être la tige et le père de tous les croyants. Dieu l'appela dans la terre de Chanaan, où il vouloit établir son culte et les enfants de ce patriarche, qu'il avoit résolu de multiplier comme les étoiles du ciel et comme le sable de la mer. A la promesse qu'il lui fit de donner cette terre à ses descendants il joignit quelque chose de bien plus illustre; et ce fut cette grande bénédiction qui devoit être répandue sur tous les peuples du monde en Jésus-Christ sorti de sa race. C'est ce Jésus-Christ qu'Abraham honore en la personne du grand pontife Melchisedech qui le représente; c'est à lui qu'il paie la dîme du butin qu'il avoit gagné sur les rois vaincus; et c'est par lui qu'il est béni.

Dans des richesses immenses, et dans une puissance qui

égaloit celle des rois, Abraham conserva les mœurs antiques; il mena toujours une vie simple et pastorale, qui toutefois avoit sa magnificence, que ce patriarche faisoit paroître principalement en exerçant l'hospitalité envers tout le monde. Le ciel lui donna des hôtes; les anges lui apprirent les conseils de Dieu : il y crut, et parut en tout plein de foi et de piété.

De son temps, Inachus, le plus ancien de tous les rois connus par les Grecs, fonda le royaume d'Argos.

Après Abraham, on trouve Isaac son fils, et Jacob son petit-fils, imitateurs de sa foi et de sa simplicité dans la même vie pastorale : Dieu leur réitère aussi les mêmes promesses qu'il avoit faites à leur père, et les conduit comme lui en toutes choses. Isaac bénit Jacob au préjudice d'Esaü son frère aîné; et trompé en apparence, en effet il exécute les conseils de Dieu.

Jacob, que Dieu protégeoit, excella en tout au-dessus d'Esaü. Un ange, contre qui il eut un combat plein de mystères, lui donna le nom d'Israël, d'où ses enfants sont appelés les Israélites. De lui naquirent les douze patriarches, pères des douze tribus du peuple hébreu; entre autres Lévi, d'où devoient sortir les ministres des choses sacrées; Juda, d'où devoit sortir, avec la race royale, le Christ, roi des rois et seigneur des seigneurs; et Joseph, que Jacob aima plus que tous ses autres enfants.

Là se déclarent de nouveaux secrets de la Providence divine. On y voit avant toutes choses l'innocence et la sagesse du jeune Joseph, toujours ennemie des vices, et soigneuse de les réprimer dans ses frères; ses songes mystérieux et prophétiques; ses frères jaloux, et la jalousie cause pour la seconde fois d'un parricide; la vente de ce grand homme; la fidélité qu'il garde à son maître, et sa chasteté admirable; les persécutions qu'elle lui attire; sa prison et sa constance; ses prédictions; sa délivrance miraculeuse; cette fameuse explication des songes de Pharaon; le mérite d'un si grand homme reconnu; son génie élevé et droit, et la protection de Dieu qui le fait dominer partout où il est; sa prévoyance; ses sages conseils, et son pouvoir absolu dans le royaume de la Basse-Égypte; par ce moyen le salut de son père Jacob et de sa famille. Cette famille chérie de Dieu s'établit ainsi dans cette partie de l'Égypte dont Tanis étoit la capitale, et dont les rois prenoient tous le nom de Pharaon.

Jacob meurt; et, un peu devant sa mort, il fait cette célèbre prophétie où, découvrant à ses enfants l'état de leur postérité, il découvre en particulier à Juda les temps du Messie qui devoit sortir de sa race.

La maison de ce patriarche devient un grand peuple en peu de temps. Cette prodigieuse multiplication excite la jalousie des Égyptiens : les Hébreux sont injustement haïs, et impitoyablement persécutés : Dieu fait naître Moïse leur libérateur, qu'il délivre des eaux du Nil, et le fait tomber entre les mains de la fille de Pharaon : elle l'élève comme son fils, et le fait instruire dans toute la sagesse des Égyptiens.

En ces temps les peuples d'Égypte s'établirent en divers endroits de la Grèce. La colonie que Cécrops amena d'Égypte fonda douze villes, ou plutôt douze bourgs, dont il composa le royaume d'Athènes, et où il établit, avec les lois de son pays, les dieux qu'on y adoroit. Un peu après arriva le déluge de Deucalion dans la Thessalie, confondu par les Grecs avec le déluge universel. Hellen, fils de Deucalion, régna en Phthie, pays de la Thessalie, et donna son nom à la Grèce. Ses peuples, auparavant appelés Grecs, prirent toujours depuis le nom d'Hellènes, quoique les Latins leur aient conservé leur ancien nom. Environ dans le même temps, Cadmus, fils d'Agénor, transporta en Grèce une colonie de Phéniciens, et fonda la ville de Thèbes dans la Béotie. Les dieux de Syrie et de Phénicie entrèrent avec lui dans la Grèce.

Cependant Moïse s'avançoit en âge. A quarante ans il méprisa les richesses de la cour d'Égypte ; et, touché des maux de ses frères les Israélites, il se mit en péril pour les soulager. Ceux-ci, loin de profiter de son zèle et de son courage, l'exposèrent à la fureur de Pharaon, qui résolut sa perte. Moïse se sauva d'Égypte en Arabie, dans la terre de Madian, où sa vertu, toujours secourable aux oppressés, lui fit trouver une retraite assurée. Ce grand homme, perdant l'espérance de délivrer son peuple, ou attendant un meilleur temps, avoit passé quarante ans à paître les troupeaux de son beau-père Jéthro, quand il vit dans le désert le buisson ardent, et entendit la voix du Dieu de ses pères qui le renvoyoit en Égypte pour tirer ses frères de la servitude. Là paroissent l'humilité, le courage et les miracles de ce divin législateur ; l'endurcissement de Pharaon, et les terribles châtiments que Dieu lui envoie ; la Pâque, et le lendemain le passage de la Mer Rouge ; Pharaon et les Égyptiens ensevelis dans les eaux ; et l'entière délivrance des Israélites.

BIBLIOTHÈQUE ROYALE

FRONTISPICE. Pl. Ire

B.R

II.

LA CRÉATION.

III.

B.R

PÉCHÉ DU PREMIER HOMME.

IV.

BIBLIOTHEQUE ROYALE

CAÏN TUE ABEL.

V.

LE DÉLUGE.

VI.

B.R

LA TOUR DE BABEL.

www.ingramcontent.com/pod-product-compliance
Ingram Content Group UK Ltd.
Pitfield, Milton Keynes, MK11 3LW, UK
UKHW012122240726
13965UKWH00005B/1904